Jeremiah Karlsson

Pojken utan fe

Poesi

Tidigare titlar av författaren

Tystnadens älskare, stjärnornas vän (2012)

Sorgens kammare (2014)

Protestanten (2017)

Ingen bryr sig om din fotografering (2018)

Kärlekens kedjor (2020)

Det som en gång var (2021)

Det här kan vara sista gången jag har kontakt med mina känslor (2023)

Vid din sida (2023)

Puritanien (2024)

Pojken utan fe

© 2025 Jeremiah Karlsson

Förlag: BoD · Books on Demand, Östermalmstorg 1, 114 42 Stockholm,
bod@bod.se
Tryck: Libri Plureos GmbH, Friedensallee 273, 22763 Hamburg,
Tyskland

ISBN: 978-91-8080-034-1

Man måste
man kan inte stanna
som barn.

Alla måste arbeta.

Snö som blir regn.

Gatlamporna sträcker ut sina händer över bilarna
som i en välsignelse.

Jag kan känna barndomens ljus
brinnande tyna.

Är jag ensam med det?

Några växer bara till gröna knoppar.

Vad är ni för människor?
Vad växer där inne?

Ett blixtoväder.

Staplar av bananlådor och skuggor
väggarna blinkar.

Det stora trädet talar.

Kan du känna det,
ett urvattnat mörker sänker sig över detta rike.

Illvilliga krafter samlas redan nu för att anfalla.
Mot detta är till och med beskyddande krafter
som ett ingenting.

Det verkar som att tiden har kommit för pojken utan fe
att börja sitt äventyr ...

Jag satt i baksätet med en påse tröst,
grejerna skulle fara med lastbilar
arbetsförmedlingen betalade fick jag veta senare.
Tobbe G och Jonas hade spelat in ett band, de snackade
och spelade den där låten "Burning down the house"
en nyare version; den gamla var ballare, från Caught Clean
den nya saknade en energi, men ändå ... den gick på radio.
Jag satt med freestylen i knäet och hörde barndomens röster
snart regnade det på rutan, långa revor
vintermörker, gatlamporna svepte förbi, städerna
jag visste ordningen, Sundsvall,
då hade man kommit långt
Gävle, Stockholm, nästan allt bakom oss,
vi hade rest samma väg många nätter,
Småland hade alltid verkat lite efterblivet
jämfört med Norrland. Ett argument för mina föräldrar
var att vi hade släkt där nere, vi hade kusiner,
vi hade bott där, kände staden,
och det största argumentet: pappas nya jobb,
efter sex år, staten betalade flyttlasset, framtiden fanns i söder
och kanske att vi tog stryk psykiskt i den där församlingen.
120 mil tar femton timmar om man kör effektivt,
den feta påsen godiströst ... rösterna,
att flytta är naturligt, bäst att göra det nu ...

Det var invandrarna som räddade mig
när världen darrade inför nyårsafton.
Vietnamesen – mattegeniet, och kambodjanen
den strävsamma, smarta och klyftiga, hårdhudade
som förstod det viktigaste i livet,
de hade sett sina föräldrar, de arbetslösa
livet var ett gyllene läge.

Jag kan ännu höra er,
mina vänner i norr,
kan ni minnas mig, kan ni ännu se mig,
är vi fortfarande barn
någonstans?

Ett helt land flyter förbi.
En godispåse kan inte trösta helt mot
bortklippta kompisar.

Pappa bakom ratten, mamma i passagerarsätet
jag och min syster i ett regnande mörker
och ett land rinner förbi.

Det som går upp måste gå ner, snurrande hjul,
bränna ner huset till sina rötter och kämpa ner eld med eld
vinterns snö mot vinterns regn, udda men inte en udda
att snacka om sina problem är en gråtande synd,
släpp dina problem vid älvens kant.

Jag upprättade tidigt en anteckningsbok.

"Jag vill inte gämföra eller gämföras", skrev jag
i anteckningsboken som inte tillhörde ett skolämne.

Det var min första insikt i tonåren.
Det måste det ha varit. Jag ville fortsätta
vara något ojämförbart.

Jag klistrade fast chipsreklam på anteckningsboken,
"erkänn, du vill ha dom!" var Estrellas slogan
med en joker, det var nog honom jag identifierade mig med
och något måste man ju använda sina klistermärken till,
det fanns en värld, en värld
som jämförde ...

Det måste ha varit i sjuan,
det höll på att gå utför i skolan,
på rasterna cyklade vi hem till David på Tjärholmsgatan
och dulkade – vi kastade spagetti och kortlekar
i hela huset och lagom till nästa lektion städade vi
och skyndade tillbaka till skolan.

Det fanns nya killar i klassen, de kom från inlandet, en av dem
kunde puta med sina läppar, och spela ledmotivet till Worms
så att saliven rann.
    JB var tjock med svart krulligt hår,
han var avspänd, och vi kom till hans lektioner utan grejer
och då blev han upprörd och utbrast på Skellefteåmål:
"Men he' förstår ni väl att ni måst' ju ha med er material!"

Jag och Jonas skrattade åt det där länge efteråt.

Det nya i sjuan var att man fick gå till byn på skoltid och köpa
godis. Det var september, rönnarna frös
frosten nöp kring varje grässtrå,
klungor av stora barn
i den gyllene snedställda solen
skratt som ekade kring Byskeskolans skuggiga tegelvägg.

Syslöjd var lekstuga,
en kompis tänkte klippa av Sandras BH-band
"Du får peya!" – det är det enda jag minns att hon utbrast
och det räckte, för han klippte aldrig,
han hette nånting, jag minns inte vad,
men han pratade om sina olika rekord
i onani, en dag hade han gjort det tolv gånger, tre på morgonen
tre vid middag, och tre på kvällen och tre någon annan gång.

Allt skulle börja – all barndom sluta.

En kväll i oktober. Jag och Tobbe J for omkring på cykel.
På Fabriksgatan tände jag facklan och sprutade
en flammande låga
så att barnen kom flygande från Unga örnar.
    Älven kastade sig mot Bottenviken.
Min eld flammade i korta stötar, läpparna blev torra
av T-gul.

13

Åttorna var untouchables, man undvek dem
sjuan var allvar, man hade prov
och ett prov gjorde jag innan jag rycktes bort,
vartannat prov gick bra och vartannat dåligt,
mitt sista fick jag medskickat i flyttlasset
det handlade om Eufrat och Tigris,
    riter, myter, legender,
läraren skrev: "Ett strålande resultat!
Fortsätt så här bra.
Ta tillvara på din förmåga.
Du är duktig.
Lycka till! /Helena."

Men jag ville inte,
jag ville inte åka!
Det kändes att mitt verkliga liv
blev kvar, fortsatte
    där
    uppe
på en annan plats, och att jag åkte iväg och lämnade själen
kvar och jag kan inte uttrycka det med ord,
    jag var ju här
    och jag vann ju något
mina betyg blev ju godtagbara, jag hamnade bland kompisar
som inte dulkade och glömde skolarbetet kvar hemma.

Hade jag inte nog med revor i mig redan?
Det frågar jag mig nu. En meningslös fråga, man måste arbeta
särskilt efter sex år utanför arbetsmarknaden.

Ni känner ju till den staden.

Jag hade smakat vemodet ett halvår tidigare
på en ö i Bottenviken, där vi sexor sjöng
till melodin av Only You:
"Vi ska lämna er för sjuan snart, och det ska bli väldigt under-
bart, men vi saknar er förstås – glöm ej oss!"

Det var min första smak av sublim melankoli,
det tältade en sommarkväll på en ö i Bottenviken
under en sol som aldrig går ner, spruckna stenhällar
och en röd klubbstuga, och jag saknar allt.

Måndag morgon.
Underkylt regn i den nya staden, vi satt i bilen
i backen utanför den avlånga tegelbyggnaden,
jag tror vi hade lite ångest
eller liknande. Skolan liknade en dominobricka
uppställd mot skyn.

Kungshög.
Man darrade nästan när man hörde ordet, om man gick i sexan
på t.ex. Stensbergskolan.
Regnet vräkte ner den morgonen.
Hundratjugo mil norrut pågick mitt verkliga liv,
där var det måndag,
där gick Jonas till skolan,
barn som sprättade tjejernas BH-band, det var något nytt,
alla mina kompisar satt hos JB eller någon annan,
allt var som vanligt, minus mig.
Jag satt i ett annat klassrum,
omgiven av smålänningar,
och det fanns invandrare här, på min gamla skola fanns tre,
här fanns det minst tre i varje klass, det gjorde inget, det var
lite ovant.

ant_slayer

Det gällde att komma först till datorerna längst ner
i korridoren, och logga in på Lunarstorm, kolla gästbok
och bäst var flaskposten. Det fanns de som kunde skriva kod
och skapa färger på sin presentation, vissa
kunde scanna egna foton och ladda upp,
det fanns en blond tjej som samlade massor av blickar,
be_my_valentine – hon löpte som ett rykte.

Jag var varken cool eller motsatsen
jag hängde med några kompisar som kanske var coola
jag vet inte, men de skötte sin skola.
Vietnamesen klarade matten bra
kambodjanen Munny lärde sig snabbt, han pluggade ikapp innan
proven. Jag ville bli som dem.

Jag for omkring som en virvelstorm under innebandyn.
Jalle, tränaren, plågade oss med upphopp, han straffade oss
lätt sadistiskt, han hade en flickvän med svart hår,
han kunde prata om henne och säga råa saker
om sådant som jag knappt visste vad det var
vi var ju barn.

Bosnierna i klassen var muslimer
men vissa svor, hade stringtrosor,
några föräldrar gick på socialbidrag,
det var ett nytt ord för mig,
man gick hemma, det skrattade vissa åt
målet var att lyckas mer än så, alla måste arbeta
och det fanns en blick på allt, jag älskade kunskap,
jag älskade skolan.

Jag skrev i en dagbok varje kväll.
Norrland var över, jag hade haft turen/änglavakten
att få kompisar som tog skolan på allvar,
mina betyg blev bättre, jag pluggade för att mina två kompisar
inte skulle bli bättre
i jämförelse.

Jag var smygfet.
Det såg jag redan i Norrland. Nu började jag springa
varje kväll, jag rasade i vikt, bra
det skulle kunna ses som ett problem, men
problemet var fettet och fettet var problemet
fruktansvärt var det att se
varje barn som dallrade av fett, en valk
magen som en grodas leende
brytningar i den bleka huden, ett vettlöst fett
som dallrade i otakt med den annars smala kroppen
jag la toalettpapper över min pizza.

I duschen efter innebandyn pissade vissa på Vicke
det märktes knappt i det varma vattnet, det var en rå
men hjärtlig stämning, alla skrattade
inklusive Vicke, fastän han försökte undkomma
de svårligen skönjbara strålarna.

Min kusin hade polare med olika softairguns
jag la noga på minnet vilka modeller som krånglade,
vi stack till Patrik,
alla svenska familjer verkade rika
kunde överösa sina ungar med grejer
glass fanns alltid i frysen
flera datorer i särskilda rum
de spelade Delta Force
jag gick hem den långa vägen
bajsnödig, och mina nycklar var borta
på vägen plockade jag softairgunkulor från asfalten
panik och trafik
sen tog jag steget, in på Thages lifs
och bad om att få låna toaletten.

Min kusin och jag var ute i skogen, rekade platser att ha krig på
gravkullarna verkade bra, Laub som var kommunist
hade köpt en MP5a, helautomat
jag funderade på en sån
ritade måltavlor på a4-ark fyllda med soldater
jag skulle kasta mig in och rensa rummet.

Ett eget rum

Lägenhet
jag hade aldrig hört det ordet,
typ ingen bodde så i Norrland.

Mitt första egna rum,
jag stängde dörren på kvällen och skrev
med en älskvärd penna, om det som hände
och vad jag kände.

Min nya tanke
livets högsta njutning var detta: att tänka.

Vår lägenhet låg på andra våningen
i ett hus som liknade postfack staplade på varandra,
bananlådorna stod travade längs väggarna i vardagsrummet
man fick gå som i en korridor för att nå teven.

Vi hade kanaler,
pappa jobbade över även om han nog inte måste
på helgerna åkte vi till Markaryd
till mormor och morfar, där fanns ingenting för mig,
så jag fick en luftpistol.
Jag stod i källaren bland vedtravarna och sköt
tills mitt öga blev suddigt.

På kvällarna hemma var jag ute med kompisarna
på Ågårdsvägen
ett invandrarområde, lägenheterna såg ut som kopior
av kopior.

Flera av mina kompisars föräldrar var skilda
hade ändå en relation kvar,
vissa sa med glimten i ögat
att det hade med pengarna att göra, socialbidraget
och det var tydligen hemskt att vara fattig,
därför pluggade man och retades med folk
som misslyckades.

Vietnamesen hade bytt förnamn,
han var inte ensam, men han satt ensam på sitt rum
och räknade matte
vi spionerade på honom där han satt
på sitt rum,
och det låg tydligen något töntigt i det
vi fnissade
men jag kopierade honom,
pluggade på ledig tid
jag sket i vilket, jag njöt av skolans böcker!

Jag fick ett luftgevär,
jag var avundsjuk på min kusin
som bodde i hus, han kunde skjuta med sitt gevär i garaget
jag fick cykla till skogen, jag hade aldrig sett industrier
det var pissvått, någon hade stjälpt av tidningar
med kvinnor
förstörda av regn och syndafall.

Det här var en sjuk värld.
Man hade ju hört om Världen.
Djävulen.
Det onda köttet.

Jag försökte bevara en del av barndomen
för jag provade jonglera i det fria utanför vår lägenhet

men det fria fanns inte, det fanns rader av likadana hus
och om det fanns ögon som såg mig
så störde de mig.

Jag hade en Glock 17.
Ibland sköt jag mig själv
av tvång.

Kokiri

Det var en gång en skog
där barn bodde som aldrig blev vuxna
alla barn i den skogen hade en fe
och så länge de inte lämnade skogen
förblev de barn.

En av pojkarna i skogen saknade fe.
Jag minns inte varför. Men han var inte född i skogen
han hade ett kall, han kunde resa mellan barndomen
och vuxendomen utan att höra
hemma
någonstans.

De som räddade mig kom från andra länder
men det fanns en svensk som också tog hand om mig,
han hade små ögon
finnar, han klädde sig i dyra kläder och kunde grina
åt töntiga skämt. Han hade också Nintendo 64
han fick varje spel han pekade på
hans föräldrar var rika, bodde på landet
han hade hela övervåningen själv,
det var nåt med honom,
ingen sa vad det var, ingen visste.

Barnen i klassen som skulle bli idioter retades,
min kompis störtade ut ur klassrummet och smällde i dörren
det blev alldeles tyst, jag blev ensam
och tack vare det blev han aldrig en riktig vän
minns jag, han svek mig gång på gång.

Saliven, finnarna, den grova näsan
den putande rumpan, de töntiga skämten
skratt som fäste i skratt, hans vänlighet.

Föräldrarna hade bra jobb, de månade om sonens vänner.

En gång var vi bjudna till hans hus på landet
vi spelade Nintendo 64,
någon ryckte i min arm,
du måste se!

Det var en lånebok
från bibblan

om Damp.

Det var sommar
och ljuset gick upp för oss alla.

Jag kunde bli kär lätt,
reste man iväg med klassen till ett badhus i Jönköping
så förälskade jag mig i någon bara för att hon var med
på resan
och såg något så när ut, det krävdes inte mycket,
jag fantiserade om oss den dagen,
hon var plymuntare, det fanns massor av sådana
de åt inte i matsalen, det hade med Djävulen att göra
typ att Djävulen lagade maten, de fattade kanske inte heller,
deras kyrka hade inga fönster,
det hade nog med ljuset att göra
eller med Djävulen, eller att ingen fick se in
de fattade kanske inte heller, men deras öde var
att alla blev framgångsrika.

I skogen sköt jag fåglar
min favoritfilm: Saving private Ryan, och Sniper
men vi hade ingen VHS-spelare,
jag spelade Max 2 och Red Alert 2
men roligast var Ocarina of Time!

Jag var en alv som varit borta
sju år från sitt hemland och nu var tillbaka
i samma landskap, ruinerat av onda makter.

Jag rörde mig i skogen, men allt kändes blött och dött
det jag sköt blev aldrig storslaget
    en liten fågel som föll från en gren
    ett moln av dun från äppelträdet hos mormor
fågeln borta
med kulan.

Hängde på Strömgatan där Munny bodde
de var många barn som delade på ett rum
ändå klarade han läxorna lika bra som jag.

Jasminris var nytt för mig, hade aldrig smakat förr
fanns en stor tygsäck, hans mamma gjorde alltid en skål till mig
jag åt det klibbiga riset med händerna i Munnys säng
vi kollade MTV, det fanns ingen mysfaktor men det fanns
kompisar, klockan tickade sig sen, teven matade ut musik
och Bond-filmer.

Oscar var också lite av en vän,
vi spelade i skolans musiksal
varje fredag, lirade samma låtar
han kunde dra vilka ackord som helst
jag höll takten bakom trummorna.

Han bodde på landet
han kunde äta choklad utan att bli fet
han hade bra omdömen och skarp hjärna
han var evigt smal,
han måste ju vara en lycklig människa tänkte jag,
men han sa att han hade förätit sig.

En tidig rädsla, det var vietnamesen
som ibland använde fel obestämd form,
ett skog, en glas, osv.
   Och jag var rädd om mitt språk,
tydligen, varje gång jag hörde ett fel
korrigerade jag inuti i min hjärna
jag var som en fobisk lärare
sträng mot mig själv.

Min rädsla: att språket skulle gå under
hela det svenska språket
att det inte skulle finnas kvar
att grammatiken skulle förintas
fel bli rätt eller något
ovidkommande.

Vietnameserna bytte namn
det sades att min kompis egentligen hette nåt annat
och att vietnameserna gjorde så för att smälta in.

Jag hade ingen aning om alla krig som mina kompisar kom från
jag frågade aldrig, såna frågor hörde inte hemma
i våra relationer.

Förtvivlan och tröst

Vanliga dagar i februari,
sportlov, gick till en antikaffär som säljer en hatt
för 100 kr, Lekia, Intersport, Kvantum m.m.
På pappas jobb: skjuta softairgun, bygga ett kulfång
jonglera, men det känns inte som förr.

Ställen vi besöker:
Halmstad, Jönköping, Ullared.

Saker jag funderar på:
kikarsikte, Gameboy Color.

Tiden går alldeles för fort.

Alla platserna man varit på
herrgården, min själasörjare Öjvind
tänk att vi nu bor i en lägenhet
i Småland.

Allt är borta.

Planer jag har:
börja skytte för jag gillar vapen
jongleringsträningar
filosofistunden eller enstöringsbiten, "det kommer innebära att
jag tar en stol och sätter mig på stolen på balkongen, när det är
mörkt och funderar över mitt liv, eller sitter och kollar på
stjärnorna."

Känslorna:
"Man kan liksom inte prata ut med någon. Det var bättre i Byske."
"Ingen kan ersätta Jonas."

Men det finns nog fördelar här med.

Mitt liv är en gåva.

Den Gud älskar agar han.

1, vakna och göra mig klar.

2, Skola.

3, Hemma eller träning.

4, Sunset beach.

5, Mat.

6, Kväll och läxor.

"Skolan tycker jag inte är rolig"

MVG+ men ändå inte helt nöjd
eftersom det var en till som också fick det,
han hade lite bättre resultat.

"Jag vill ha min egen stil, inte någon annans."

"Jag vill inte jämföra med någon, jag vill vara mig själv, med egna framgångar, egna nederlag, egna tankar och vara kristen. Det är det viktigaste att vara en kristen, sen kanske man får IG i alla ämnen."

Ocarina of Time får mig att tänka på livet,
"Först är han ca bara ca 8 år och allting är frid och fröjd nästan i Hyrule, men han växer ca 7 år framåt och väl ca 15 år. Hyrule har ni en massa problem och sånt."

Jag besöker Kakariko village,
"en fin by, med mycket lustiga erfarna människor som berättar historian bakom byn kanske."

Vill till himlen.

Förnuftet står vid katedern, resonabel och skallig
alla har respekt för honom,
han heter Sten, han vet hur han ska ta oss
barn, han är folkpartist, han är vänlig
alla tyckte han var en bra lärare
han identifierade mig som en fritänkare
jag hade ingen aning vad det var
pappa var inte helt stolt över det.

En annan lärare vi hade: vi satt som ljus,
hon var totalt befriad från humor
eller bara väldigt gammaldags stil
spolformad ledde hon oss in i Utvandrarna
jag undrade vad som skulle hända om här blev kaos
hon kanske skulle ta oss i nacken
och vrida om fastän man inte fick,
ingen vågade pröva, vi satt som stearinljuset
vid gamla böcker.

Vi läste högt, varje sida läste jag av snabbt
så att där inte fanns en svordom när det blev min tur.
Jag tänkte att svordomar var en synd att säga, men en gång
kom det en svordom i en dialog
    jag oroades hela läsningen
när det blev min tur visste jag knappt vad boken handlade om
när svordomen kom ljudade jag ett pip
censur – och alla skrattade åt mig
för ingen förstod.

Klockors klang.
Pensionärers ryggar.
Inga brudar.

Baskrar och beige rockar.
Ett släpande läte som klingar ut från predikstolen.

Ibland ute på landet: jag förälskade mig i någon
som var för kräsen. Kristna flickor drillades
till nej-sägare.

Jag satt i ett fängelse som egentligen var de andras
min frihet fanns år bakom mig.

Det enda man kunde göra var att dra till Pingstkyrkan
för där fanns det folk med färg kvar i håret.
Jag var en galning på innebandy, det är en sak jag vill säga
till mina barn, hur grym jag var på den sporten,
gjorde mål från svåra vinklar.

Jag kände två killar som hade ett band
jag blev deras trummis, hade trumkörkort från Norrland
det var punkrock, typ Blink och Green Day
om Jona som ville bort från Gud.
En av våra låtar hette "Ingen vanlig medelsvensson"
men sen var det några som blev det ändå
medelklassiga.

Det fanns ett annat band i stan
de hade spelat in en demo

det klingade stort bara namnet
för de kände någon
som hade bra grejer, men vi kände en
som hade en mini-disc. Vi blev kända
i två kyrkor och på skolan, och i skolbandet
spelade vi Dammit på avslutningen där jag sjöng
allt utom svordomen.

En värld av gamla inlagda
hjärtan, tarmar, tungor
kemiska formler,
magnesium, ph-värden
och en lärarinna med vitt förkläde.

Instrument,
för att nå till det allra minsta.

Alla vi var uppbyggda av delar
    slumpmässigt
sprängda i bitar
så att våra ögon kan se
och ändå inte se.

Vilken färg är mörkast:
röd eller grön?

Hela klassen skrattar.

Elevassistenten skiner upp
han kan inte släppa en sådan fråga
någonsin
och efter den dagen
tycker han att jag ska bli filosof.

Ullareds tempel har allt som mammor gillar
superbilligt, Ejay-grejer
så att jag kunde göra musik.

Skogarna, deppiga
våta
livlösa
jag satt i mina program
och trodde att jag gjorde musik
egentligen pusslade jag med sådant som var färdigt
men det kändes inte så
det kändes lite b
det måste det ha gjort
för annars hade jag aldrig uppgraderat
till Fruity loops.

Jag hade inte lärt mig avsky mars månad
för dess sol, regn, snö och kyla, och värme
för att den är allt och ingenting.
Vietnamesen ville inte att jag skulle komma hem till honom
jag frågade varför, hade det med kulturskillnader att göra?
Ja, så var det. Men sedan ändrades det.

Munni var öppnare, vi stack till Eco Lifs
köpte hårgelé för 15 kr, en massiv burk med gult slem
Munni köpte också, vi var ute och sköt luftgevär
sen hem och spela N64.

14 mars: "Jag tycker att livet är gåtfyllt."

"Tänka sig, jag är en evighetsvarelse."

16 mars: "Jag orkar inte leva,
jag kan ju som inte vara mig själv."

Skjuter fåglar och skäms efteråt.
Känner mig som en usel människa.
Skolmaten är torr och jag undrar varför
kanske för att det ska gå enklare för mattanterna
att diska.

Lördag kväll på Ågårdsvägen. De bosniska tjejerna
från klassen och deras lillasyster är ute, Ahslinn
hon är vacker, hon tar min hand
och vi går ett tiotal meter
under strålande gatlampor

och hon släpper handen.

Dagen efter cyklar jag till Munni, vi rör oss utanför
hennes lägenhet, jag ser henne en gång i fönstret
förstår ingenting, hon kommer inte ut.

Det betyder ingenting.
Hon kanske tycker om mig men det betyder ingenting.
Ja, hon tycker om mig men det betyder ingenting
och hon har en annan religion,
den verkar betyda ingenting
mer än vissa förbud och familjens band
till ett hemland.

April, livet som vanligt
luftgevär, plötsliga softairgunkrig med kulor
som klingar mellan ekrarna i min kusins garage.
Jag spelade klart Zelda och fick verkligt grymma rysningar
i kroppen. Livet blev tommare sedan.
Handlade glass på Preem med min kusin.
McDonaldspajer med familjen.
I min dagbok resonerade jag bort det här med tjejer,
ingen var nog kär i mig, det är inte viktigt, osv.

Livet.

Så konstigt
det pågick som i en omedvetenhet
alla händelser, i grunden overkliga.

Kompisarna, vad var det för varelser?

Vad spelade något för roll? Livet var kort
jag skrev meddelanden till mig själv som vuxen
jag var bekymrad.

Tiden passerar så snabbt och himlen är det enda viktiga
jag intalade mig det. Livet är kort. 14 år.

Snart är jag gammal.

Spelar ingen roll vad man blir, vad man uträttar.
Ingenting kan jämföra sig.

Amen.

Minne från '91

Ett stormande regn
när vi bodde i Hannabad,
hagarna var våta
lerpölarna glimmade i solen.

Då såg jag något
vad det var vet jag inte
men det liknade ett vitt klot.

Jag följde klotet med blicken
det svävade sakta över vattenpölarna
lysande likt en blixt.

Jag stod i fönstret och undrade.

Jag undrar än idag.

Åhus

Det var en farlig strand med kallt vatten
och undervattensströmmar.

Mina päron skickade mig
på förkonfaläger, vi satt i klassrum
det luktade unket, en atmosfär
av lajvad ordinär ungdom.

Vi hade inte vetat vad begäret var
om inte det stod skrivet: du ska inte ha begär.
    Du ska inte ha ditt förstorade
förvridna kött.

Översättning av synd: att missa målet.

Jag hade en filmkamera, jag filmade tjejerna i smyg
de skrattade åt mig, vad skulle de göra?
Jag och Fille jonglerade, vi spelade fotboll
det kom ett gäng utvecklingsstörda barn
och vi blev euforiska av skratt
som vi kvävde.

Vi var barn. Vi var ändå inte barn. Vad var vi?

Vi kastar oss ner för sandvallar och springer upp igen.

Skrattanfall som stjärnfall om natten.

Hajk.
Alla sover, endast två är vakna
skratten som brister ut,
den stigande irritationen
det blir bara roligare.

Annars bor vi tre killar i ett rum,
min rumskamrat har en grop i bröstet
som han kan äta flingor ur,
han är smal som en sticka
kan äta hur mycket choklad han vill,
livet är orättvist.

Skog omsluter oss.
Världen ligger framför oss.
Världen är vår

   och vår fiende.

rosa_paljetter

Sista natten smög vi oss ut
det var tradition
att lärarna jagade konfirmander.

Jag tog mig långt bort
till havets strand
hon var med mig.

Vi brevväxlade
jag bytte till mig en bild
och jag visade henne för mina kompisar
det var under en resa till Norrland.

"Massivt underbett", sa en.

Men den natten, den sista,
vandrade vi under en oändlig himmel
havet brusade, sedan hörde vi åskan
och vi tog skydd under en byggnad på en sandbank.

Vi satt där i timmar
och det här är bara litteratur för dig, men för mig
blev det ett minne av det nya, jag var vagt kär
jag tror inte ens vi höll hand
men hon var där med mig,
på hotmail hette hon rosa_paljetter.
    I våra brev skrev vi en berättelse
om Bulben, en pojke
som jag, som reste ner till atomerna
jag minns känslan,

det fanns äventyr
överallt
möjliga sagor.

En dag åkte jag buss till henne
flera timmar, för hon bodde i Lomma,
mamma undervisade mig om saker, det var aldrig någon fara,
vi blev inget par, det var något annat,
något som aldrig vecklades ut
en blomma skapad endast till knopp.

Kan du också känna
hur barndomen sluter sig kring dig?

Kan du känna barndomens ljus?

Är jag ensam?

Det fanns två plantor, den ena vattnade jag
den andra växte osynligt.
En gång reste jag upp, när var det?
Alla kom ihåg mig, men jag var ingen.
All min kärlek, det fanns inte.
Jag satt i det gamla klassrummet, fanns
ingen chans att ta sig dit igen,
ett barn kan inte välja,
allt det gamla hade passerat,
alla ryggarna, jag kunde alla namn,
någon hade väl dött? Farfar?
Jag satt på min plats, allt var som förr,
men allt hade passerat mig
detta var en vanlig skoldag
för dem.

All min kärlek.
Jonas, alla mina vänner
långt senare satte han ord på det
2007 eller liknande: "Jerran,
det är kul att du ringer
även om jag inte ringer dig."

Människor ... sover de?

Det kan ha varit så här:
på sommaren ringde telefonen
pappa gick omkring uppriven
allvaret i luften
vi var i Markaryd i det stora rummet
med heltäckningsmatta,
Hallarydsvägen 28 på övervåningen
en helt vanlig helg för att de inte trivdes hemma.
    Hans bror hade dött i en lastbilsolycka,
föraren somnade, brodern låg och sov, skakades om
så kraftigt att ingen fick se honom efteråt. Barnen,
mina kusiner, som jag lekt med som barn, jag tänkte på dem
de miste sin far den dagen, vi åkte upp på begravningen
det kan ha varit så ...

Alla ryggarna, alla namn, den sjungande norrländskan
alla barn på väg vidare, och jag? Jag hade mitt
långt borta, men egentligen här ...
och ändå ...

Sommaren, herrgården
en ring av barn kring flaggstången
fanan blå som himlen
korset så ljust
gräset drömgrönt
sörgården, skogsbrynet med kläderna
på strecket, vinden från Bottenhavet
dagar av barndom.

Vi köpte glass i herrgården.
Red Dream ibland. Kan du förstå? Kan du förstå
ljuset som försvann? Vi gick till havet

en strand med en skogsdunge och svart timmer
som utskjutande tänder. Det var lätt för mig att fästa mig
vid små saker. En plastflaska som försvann
sökte jag som om det inte fanns fler i världen
jag vadade havet och blickade ner i sanden
under vilken våg fanns han?
Jag letade
utan att någonsin finna
min lilla vän,
flaskan Flash, min älskade nyckelring.

Mitt rike

Som barn
i solens ljus på en gräsplätt
med gula små blommor.

Det var i Kåge vid farfars tegelhus
jag kunde se
vägar mellan grästuvorna
jag körde min lilla bil i myllret.

Gatkamomill
åh, ett rike av rikedom
vid vägen.

Så rufsig,
så fin var dess gröngula knopp
den trivdes i Norrland
och jag med!

Asfalten var lappad och lagad
ljus som alla hus.

Jag var en enda
    jag var här
min far var i himlen
och han ville mig.

Självklara som svampar om hösten,
ett mycel träder upp genom barnen.

Det bor en orm
inuti en ask
som kan äta
pixelfrukt
och livstid.

När jag var fjorton år sa jag till mig själv
att jag aldrig mer skulle träna innebandy.

Jag skulle vara fri.

Frihet är att bestämma själv.

Och min äldsta kusin som kallades Ryll när jag var liten
var redan grov, han hade stora vita burkar
med rosa skrift:
WEIDER MEGA MASS
han kom hem svullen och stor och drack vatten.

Frihet är att kunna träna själv.

När jag var fjorton år la jag ner alla lagsporter
för gott.

Allt det goda
bor nära
som gräsmattan.

Det

Övergrepp
fanns inte i min värld
men sexualiteten i sig
var som ett ingrepp
ett grepp, ett vanvett,
och det var inte lätt
att reda sig och freda sig.

Det gick rykten om folk som gjorde det
de skyltade på sin lunarstorm
balla fakta, relationsstatus: very busy
html-grafik på sammanslingrade kroppar.
    Var det sant?!
Det fick inte vara sant!
Hon bodde på samma gata ju
och i omklädningsrummet tog somliga sig rätten
att snacka med oss barn; det var en i klassen som hade flickvän
han berättade hur han och hans flickvän kysstes
mitt i ett hopp ner i snön.
Specialläraren sa ungefär:
"Har ni inte börjat snacka om att göra det än?"
Nej, det hade de inte gjort,
"Sen är det kört, då kan man inte sluta"
sa specialläraren, med industristadens livsvisdom i rösten.

Jalle, innebandytränaren
hade en flickvän med svart hår, han berättade
att det bakre hålet fanns
om man tröttnade på det andra.

Det var som ett livsmål
det var som en rit, en passage

in i vad?

Hedonismens svar, det var förklaringen
det var målet som delades av nästan alla, en mening
i brist på mening.

Min känsla långt senare:
vissa tar sig rätten att förråa barn,
plötsligt bär man en tung sten om samvetet
deras mål: brutalisering, den måste genomdrivas
en naturlag lika rå som puberteten.

På Ågårdsvägen: Munny sa att det fanns en kvinna
som sög av män i ett av husen
han hade spionerat, visade med stora rörelser
hur hon inmundigat manslemmen.

Jag gjorde min praktik på fjärrvärmeverket
åkte bil med en kille, 20+
när vi körde över ån flinade han och sa:
"En sak jag undrar,
varför det där sprutet i slutet på varje p-rulle?"
Jag visste ingenting, han slutade prata.

Och jag minns ett annat jobb,
det var en sommar flera år senare,
juggen som jag åkte med sa till mig att jag gick omkring
planlöst med liften, förvirrad, som i en annan värld
bland alla lastpallar, som om jag inte
visste
vart

jag var på väg
han var irriterad på mig
hans tips:
satsa på skolan

bli lärare

"Alla är inte gjorda för industrin."

Ville man träffa någon
fick man inte vara missanpassad
man fick inte vara ful, man måste ha tur
också, det gällde att vara cool.

Ville jag träffa någon?
Det vet jag inte, jag slickade sår men kanske
i hemlighet att jag ville.

Det måste samlas på ett ställe
annars genomsyrar det allt – det bröt in för tidigt.
Vi hade fått internet, jag satt i Aftonbladets chatt
vissa mornar,
chattade med anonyma,
en söndag var det en som skrev att han hade legat med en
som sov, hon sov fortfarande när han skrev,
jag trodde honom inte men
han insisterade, det var fest och han hade gjort det
när hon sov.

Varför minns jag detta?

Och han med damp måste ha plågats av sin namnlösa börda
för många år senare skrev han ett meddelade till mig
(och andra?) om hur han äntligen "förlorat oskulden"
efter en fest
berusad i skogen

han skrev i triumf
fast det lät som våldtäkt

en spontan gyttjebrottning på sin höjd

som om detta var en följetong
som om alla följde hans strävan
att "få till det".

Det gjorde ont varje gång jag kom hem
försent från Ågårdsvägen.

Mina föräldrar kändes uppgivna.

Det var mitt fel.

Kväll efter kväll mer försenad.

Förlåt.

Förlåt varje kväll.

Vi skulle flytta till ett hus
jag ritade bilder på mitt rum uppifrån
placerade ut lampor i fantasin
min lavalampa med glödande bubblor
i blått vatten.

Hela rummet blått
mina hantlar blåa
min väckarklocka blå
som den där technolåten
jag hörde i Norrland
när jag gick ensam i en butik
vemodig bland leksakerna
och kände vuxendomen närma sig.

En gång sprang jag vilse i skogen
jag tog vägar som jag aldrig hade sett.

Jag bad till Gud om hjälp
jag sprang, det fanns ingen väg hem
varje väg ledde längre in i skogen
att falla ner var som att dö
benen bar
på lösningen.

Alla skogsvägar
varje träd liknade alla andra.

Sådär fortsatte det
mot det oundvikliga mörkret.

Jag skulle aldrig komma hem igen
nu var det slutet för mig.
Jag skulle bli
bara femton år.

Så en öppning
jag kom ut på en hage och på horisonten
såg jag vattentornet.

Det hände att jag reste till Byske
Jonas hus stod kvar på Bankgatan
i nattens dagsljus.

Jag joggade
där stod alla trähusen
där folk sov, asfalten var lappad och lagad.

Overkligheten,
Jonas var en del av det nya råa
i alla fall till hälften del,
nu hade han hört talas om
en fest.

Folk bjöd när det var första gången
vi raglade omkring på Byske södra strand
vissa raglade på riktigt, blev hämtade av någon
en ambulans? Jag kände igen henne från skolan
men hade aldrig känt henne
aldrig förstått behovet att slå ut
sig själv fullständigt.
Hon hade små ögon och liten mun
såg vild ut under sitt rufsiga blonda hår.

Jonas och jag kastade oss ner vid en tallstam
frågade oss fnittrande om detta var berusning?
Vi kan inte ha druckit mycket, jag blickade ut över stranden,
där alla de före detta barnen lekte
som jag hade växt upp med.

Min strand,
där jag så ofta hade lekt
tappat bort min älskade Flash en sommar
spelat golf i de långa skuggorna, havsbadat
med mamma och pappa.

Jag och Jonas skrattade, för att vi var vi, eller hur det nu ska
förklaras.

Det nya råa gick inte att bortse från
alla hade gått vidare, jag var där men jag var
kuriosa.

"Jerran hälsar på!"

Hemma hos Jonas igen, mina föräldrar
120 mil bort fick reda på vad vi hade gjort
de ringde och ringde
och det var kusligt, som om de saknade makt
som om jag hade designat allt till fulländning.
    Vad gjorde de? De måste ha ringt Jonas föräldrar
och det var ju märkligt att Jonas lyckades,
men hans pappa var känd som en liberal präst.

Vi kämpade.

I telefonen: "Är det en synd
om man tänker på en pinnstol
när man ... hrm?"

Den röda basen hängde i ett band över axlarna
Petrus satt bakom trummorna på den här låten
i dörren stod en kompakt man med pondus
för att vara pingstvän, han sa att han ville berätta något
jag tog ut toalettpappret ur öronen
källaren var ljus, det låg söndrig bråte i hörnen.

"Det är någon som har kört in i World Trade Center
med flygplan ..."

Var låg det?
New York tydligen.

"Jag ville bara berätta det."

"Det här kommer få stora konsekvenser."

Jaha ... jag fattade typ ingenting, det lät brutalt,
vi repade vidare, vi skulle ha spelning i helgen
vi hade nya låtar att repa, jag var deras nya trummis.

Jag hade lämnat fler ställen tidigare
Markaryd, vi hälsade på där ofta
jag lärde känna Hanna igen, min gamla klasskompis
hon blev min brevvän
hon gjorde hjärtan under sina utropstecken
i våra långa handskrivna brev klagade vi på skolan.

Vi sågs om sommaren, hon reste med buss
hon verkade så mjuk,
jag frågade en gång vad hon gillade med mig,
hon skrev typ: "Du är inte så omogen som alla andra killar."

Vi köpte godis och hon förklarade en sak.
Hon var allergisk på ett allvarligt sätt, var tvungen äta godis
ur förslutna påsar.

Hanna och Elly var mina kompisar i Markaryd
en gång hängde det en lapp på Ellys vägg,
om Hanna hjärta någon som hette Anders
och ett frågetecken.
    Jag blev ledsen och rädd, bad henne förklara sig
och det gjorde hon i ett långt brev: han
Anders, hade satt sig bredvid henne på en strand
hon hade fattat vad han var ute efter,
hon förklarade för mig hur oskyldig hon var
och även om jag trodde henne
så slog aldrig knopparna ut på den blomman.
    Jag minns inte hur, men allting förhalades,
tunnades ut, späddes ut och tog slut.

I Örkelljunga
om nätterna låg vi och pratade
det var nog mest jag
som eldade upp stämningen
igen om evigheten.

"Fatta, att det aldrig kommer ta slut."

"Tänk, att hamna i helvetet
och veta att det aldrig
        tar slut."

Vi snackade
vi låg på madrasser
vi glömde så lätt.

Vår tro överräckt genom släkters led.

Kära barn i farornas land
begå inga misstag, nej,
det tänkte vi inte göra.

Mina intressen: styrketräning och att jogga
jag drog en t-shirt på mig
en svart plastpåse
och flera lager kläder
jag sprang för att befria mig från fetma
i solen som stekte fett.
Jag höll på att svimma efter ett par kilometer
jag tog av mig, vred ur min t-shirt
så att svetten plaskade mot asfalten
jag var nära att dricka mig otörstig
ur en vattenpöl.

Mina andra intressen: göra musik
jag gjorde skämtlåtar, en hette Elefanten Bengt
som reste till Spanien och jag gjorde en låt
som hette Skammen. Min musiklärare
var musiker, han diggade mina låtar
jag fick spela upp några på julshowen i 9an.
    Två dansöser vid min sida
Munni var DJ, inga barn fattade nog
men jag minns låtens text:

"Skammen kan växa i hemlighet
du vet att du kan ... att du bör
göra något åt den, men något håller dig fast,
det äääääär: SKAMMEN. SKAMMEN."

Fler intressen: vapen
jag gör ett specialarbete i 9an
lånar böcker på bibblan, skriver om

A-vapen, B-vapen och C-vapen

till slut säger Sten åt mig att hoppa över alla kemiska detaljer
mitt föredrag har snart tagit tre lektioner i anspråk.

Men han är intresserad.

Body-Center

En viktig sak i mitt liv: att bli av med fett.
En lika viktig sak: att ersätta fett med muskler.

Body-Center var de hårdas gym
men det var inte därför jag började där.
Det låg i de gamla mejerilokalerna,
de massiva männen stönade, det luktade hårt gummi
svettigt och räfflat stål, plåttak och avlånga lysrör
på golvet låg tjocka gummimattor,
alla fönster satt högt uppe, speglar överallt
man kunde se sig själv från alla ovanliga vinklar
hur snygg man var
och smal.

Min kusin tränade där och det måste ha gjort
stället lite välbekant,
jag stod där med hantlarna
under svarta högtalare stora som gravkistor
som alltid spelade rå techno,
    man fick ibland blickar utan avund
jag byggde massa
ändå var jag smal.

Kroppen tvingade mig att träna
jag cyklade dit till och med på julafton
pressade mina tuttar i maskiner.

Jag och min kusin sågs där ibland
men vi var helt självständiga, jag fyllde på mitt kort
med tre månader åt gången.

Mannen som jobbade där var gigantisk
men schysst, en legend i staden
men så stor ville jag inte bli
hade nog inte anlag.

En gång uppfanns Gainomax Recovery,
Body-Center sålde den drycken,
det smakade svinbra, typ som milkshake
det var Norrmejerier men det var inte vardag.

En gång bytte jag gym till Friskis & Svettis
där fanns nya maskiner, man pumpade upp lufttrycket
med foten, det kändes B.

Jag bicepscurlade allt mer, nådde 12,5 kg
vidare över 15 till 17,5 kg
jag var senare uppe på 25 kg
    det var min sport snarare än bänkpress
långt senare var jag uppe på 30 kg
och 32,5 kg, men där stannade min utveckling.

Jag såg aldrig någon annan från skolan på gymmet
det var märkligt, saknade folk samma drivkraft
att låta tuttarna och armarna växa? Jag struntade i
benpassen, det gjorde vansinnigt ont i vadmuskeln
och nerverna triggades så man nästan sket ner sig,
varje pass var en kontrollerad plåga,
men om man inte tränade kom obehaget,
    förvittrade muskler
lika dåligt som dallrande fett.

Mannen i kassan tränade i slutet av arbetspasset
och man smygtittade,
några år senare deffade han sig så att man såg varje

muskeltråd,
han vann en stor tävling, alla var stolta,
han var ett med interiören, som de stora burkarna med protein
och själv kände man sig mindre, som en liten mjölkdryck.

Sedan hände något, det var långt senare, en sjukdom
och han dog, hans stora kropp lades i marken
    i kassan stod bara tomheten
det lyste från kylskåpet och alla sörjande proteindrycker.
Rulla sina meningslösa stenar
gjorde vi alla, och musklerna skulle försvinna.

Gymmet var min grej,
typ som att alla människors grej
är frihet.

Jag var alltid rädd att gymmet skulle göra mig dum i huvudet.
    Dumheten var min stora skräck under de åren,
oanvända, förvittrade hjärnceller,
men troligen var det en fördom.

Fantasin
den får mig att skriva en berättelse
som heter Kalaskvarteret
den handlar om ett kvarter
som om natten förvandlas till ett tivoli.

Men ingen är där, allt är tomt.

Bara en är där
    en som går omkring
och det var nog ingen särskild handling
mer än

vem

slår upp ett tivoli om natten
i ett villakvarter?

Jag vill skriva en deckare men ingen kan hjälpa mig
jag vet för lite om samhället.

På konfalägret: jag skriver om två soldater i ett krig.

Jag har en filmkamera, jag gör sketcher
imiterar folk, träningsnörden J-flex,
Robert Gustavsson.
    Inget annat barn äger en filmkamera
detta är 2001, mobilerna var som okrossbara tegelstenar.

På rasten: vietnamesen spelar Snake
han har kvällen innan fyllt hela skärmen
med den hungriga ormens pixlar
det gäller att vara bäst.
Alltid samma lag.

Om jag var kärlekslös ... när hände det?
Man kunde skämta om allt utom handikappade,
det gillade inte mamma.

Om jag blev deprimerad ... när hände det?
Åkte på läger för barn som blev tonåringar
    civilisationsläger.
Fille var där, vi kunde alla Robert Gustavssons
VHS:er utantill, kunde dra varje skämt
på varje dialekt, och vi räknades nog som coola
i det mossiga av norra Skåne.

Jag fick Reason 3 bränd av en kompis,
jag kom aldrig upp i rätt nivå.
    Simon kände några rappare från Skellefteå som hette Söder,
deras låtar var grymma, jag chattade med Mr_Chattabox
från Umeå, och alla var bättre!
Jag borde lägga ner hiphopen,
satt varje dag en halvtimma
på Eminems hemsida
och rappade med i beaten,
skrev en låt som gick så snabbt
att ingen kunde höra hur kontroversiell den var.

De tänkte
att musiken jag lyssnade på gjorde mig upprorisk,
jag blev arg för det, och gjorde uppror
i min dagbok, i skolan sa min lärare Sten
att jag var en "fritänkare".

Det är ju inte alltid ett så positivt ord
menade pappa i föräldrasamtalet.

Allt är så dunkelt
men det måste ha varit en avslutning
på Garvaren i källaren.

Kinget var där, trummisen från ett lokalt band
hur det var så blev jag vild
vi kom upp på scenen.

Det fanns redan bas och elgitarr där.

Vi öste på
Dammit
inför alla.

Ännu flera år efter barndomen
kunde jag gripas av
en tistel

ett slott

och uppe i knoppen bodde en kung
över ett oändligt rike

jag skulle skriva en bok om den kungen
alla hans äventyr
alla hans hemligheter

jag kunde gå vid vägarna långt från barndomen
och gripas av

en tistel

ett slott.

Dina barn är konstverk
sedan blir de tavlor som man ser
bleka i en bod

som flera somrar har badat nakenbad
i solljuset.

Man smeker ytan
och känner att det aldrig var riktig olja.

Minnen berättar man för att göra andra avundsjuka
men det jag minns är inte avundsvärt, det jag saknar
är knappast glimmande.

Jag vill inte delta
i ert skratt, jag är glad att det går att stänga av
era kanaler.

"Ni har övergått från mörkret till ljuset"
    men varför är det
så mörkt?

Varför så mörkt omkring huset?

"Varför har du det så mörkt inne på ditt rum, Jerran?"

Dying Brokenhearted

Det är inte mycket jag minns av gymnasiet
jag skrev knappt dagbok, det jag minns
är en hemsk sak.

Jag skämdes att börja gymnasiet,
min mamma var städerska där
jag sa: "Om du ser mig, då räcker det att nicka
lite, så nickar jag tillbaka."

Hon tyckte det var tråkigt
och det var verkligen hjärtlöst.

I den skolan rådde en särskild stämning
paniken var alltid nära,

skolan låg på en backe, vitmålad tegel.

Jag satt i aulan första dagen, huvuden i hundratal
som skulle fyllas av tusen saker,
kände igen en kille bredvid mig och började snacka
men tydligen var det inte den personen
som jag trodde,
vi snackade ändå.

Vi blev kompisar, som av misstag
han var nervös att prata inför folk, det var inte jag
men sen blev jag också nervös.

En dag hände det
vår lärare bad oss skriva en saga

och min växte
den slutade aldrig.

Första klass:
jag satt i min svarta skinnfåtölj
lyssnade på tre mp3-låtar
    Mauchaut, La Messe de Nostre Dame: Gloria
och Empyrium, som blev mitt hjärtas band
Simon hade skickat mp3:n
den gick på repeat när jag skrev
om ett land för längesedan, om skogar med munkar
där föräldrarna blev kidnappade under en resa
och barnen lämnades kvar, min hjältes namn var Sinitho.

Min kompis som var blyg blev senare coolare,
då var det lite som om han distanserade sig från mig,
han älskade Depeche Mode
i min klass lyssnade killarna på dödsmetall
jag kunde inte hävda mig med Limp Bizkit
vad har hiphop att göra med metal?

Jag minns nästan ingenting av den här tiden
jag duschade bland de andra
i kroppstempererat vatten
och ingen pissade på någon.

I det vilda

Min älskling
hade en ros
som jag
aldrig
plockade.

Många plockade rosor
fastän de inte hade lov
de tänkte inte på ekosystemet
de levde som vildar i civilisationen.

De tänkte inte på att de skövlade
en gemensam åker.

Det sägs
att alla har det svårt i tonåren
och att det beror på olika faktorer
som puberteten

eller bara att "bli självständig"

men vad var det självständiga hos mina klasskompisar?

Ingen tänkte några egna tankar.

Jo, förresten: de skämtade om en mattant
som var så stor att när hon skulle ligga
fick en kille bläddra bland hennes fettvalkar
som i en bok
för att komma till rätt hål.

Eller när en skulle analysera en låt
och valde Hammer Smashed Face av Cannibal Corpse
om nu det är ett verkligt minne, jag minns knappt.

Den som går i skolan
för den är skolan det enda möjliga
den har inte upplevt en annan värld.

Och som man är så blir man
äpplet faller aldrig långt från trädet
och trädet vissnar långt innan det faller.

Ett minne:
tjejerna skrek på mig
samtidigt
i kör.

Det var bland skåpen, de satt kring ett bord
de hade fått nog.

"Men hur kan du <u>veta</u>!"

"Hur <u>vet</u> du att Gud finns!"

"Du <u>vet</u> inte!"

Att ha datalektion

"Frihet", det går inte att använda det ordet
men datorerna på den tiden var portarna
till frihet.

Vi satt i källaren, där fanns fönster
väggarna var av vitt tegel
fascinerade fnitter bröt ut
ett sprängt huvud, det var självmord med hagelgevär
slamsor av före detta människor, en tågolycka
fotsulor snittade med knivar
trafikolyckor, "hjärnsubstans"
substans överhuvudtaget
tarmar
avrättningar, ruttna människokroppar
kluvna penisar, en man som sågade upp en mänsklig skalle
och våldsamt slet fram hjärnan ur skålen
vårdslöst,
ett helt liv rymdes i den klumpen.

Den första frågan man ställde sig på den tiden:
är det äkta?

Svaret: det är troligtvis äkta
och om det inte är äkta så händer det ändå
någonstans i världen.

Jag var känslig egentligen

misantropin, den fanns inte
detta var männen som "aldrig läser böcker"

kultur fanns
på snuffx och rotten.com.

Vad är frihet?

Frihet är bli förråad, det måste det ha varit.

Jag var inte mer mobbad än andra
inför studenten, när folk hängde upp listor på pelarna
om vem som var mest av det ena eller det andra
mest tunnhårig, osv.
    Jag hade aldrig hört det ordet
aldrig reflekterat,
det är så med skolan, man lär sig allt utom
livet.

Kristina, min lärare i historia
gick och plockade ner alla lappar.

"Vi sysslar inte med mobbning här."

De orden ekar fortfarande i min inre skola,
och när hon pratade med oss om sådant
som hon brann för,

det är fred nu –

"men vad händer när den ryska björnen vaknar?"

Snälla, ge oss bara våra betyg!

Jag hade mer problem med den yttersta tiden
Armageddon, Antikrist m.m.

Hon försökte väcka liv i oss
de slumrande vid historiens slut,
stod vid katedern under raden av romerska kejsare

och talade med barn
ett folk i intellektuell ide.
 Hon fick oss ibland att somna djupare
och hon var lite kontroversiell när hon lät hela klassen
läsa da Vinci-koden som kom ut samma år
det var något vi skulle lära oss tydligen,
typ källkritik, eller att Jesus var
som andra män.
 Man kunde liksom läsa den agnostiska
skadeglädjen i hennes ansikte
i det färglösa håret, att hon bodde ensam
i en stor villa.

Min grundläggande stämning på den tiden:
ingen tar någonting på allvar, människorna simmar
som fiskarna i havet
alla sover.

Jag kan inte ha varit lätt för de andra
    jag förstår inte idag
vad jag då förstod.

Sista året: vi åkte till Lund-Malmö
besökte domkyrkan, besökte synagogan.

Sen blev det värre,
en grupp arabiska pojkar slöt sin cirkel kring oss
den kristna tjejen i klassen
med toppbetyg
blev upprörd för att jag
    vad jag nu gjorde.
Jag minns bara att pojkarna slöt en cirkel kring oss
som en mobb, som om det vore Mellanöstern.
Och alla auktoriteter hade samma uppfattning om Busch.
    Den kristna tjejen tyckte jag reagerade överdrivet
men vad såg hon? Hon var en Guds konformist
med fulltecknad kalender i kyrkan, skolan var inget
på liv eller död, hon verkade sakna eld,
hon var kristen
    och balanserad,
hur var det ens möjligt?

Alienation
det lärde jag mig i kulturbilagorna
som min svensklärare stoppade på mig,
urklipp som jag åt
likt nyttig gröt.

Där lärde jag mig sådant jag behövde veta
t.ex. att Håkan Nesser var jovialisk,
    att Henning Mankell
inte ens nämndes, han var
utesluten
ur samtalet.

Jag lärde mig att realism är en komplicerad sak
jag lärde mig att republikaner är dumma, krigshetsare
jag lärde mig att kulturen är ett minfält, en balans
på slak lina över avgrunden,

de förbjudna klichéerna.

Jag lärde mig att den här lilla staden
är vad den är

en suck.

"Jag försöker dra mitt strå till stacken",
sa svenskläraren,
hon satt i någon styrelse för Bio Kontrast,
det handlade om icke-kommersiell film,
    jag såg henne på stan i sin stora mörkgröna

lodenrock, hon for fram som en kvarleva av en tid
som den här staden aldrig hade sett,
men senare såg jag samma typ i Lund
där hon hade pluggat för längesen.

Ja, man får dra sitt strå till stackarna
annars blir de förråade och vilda
och ett par år efter den där tiden träffade jag
Kristina på stan, hon blev förvånad att jag bodde kvar
flytta var hennes råd, det finns så mycket intressant
på andra orter
studentlivet vill du inte missa
det är den bästa tiden i livet
jag var omedveten, jag kanske
inte tyckte om det hon sa.

2004-2005, och jag vill att allt ska vara över, allt liv
ett giftermål, den där studenten
är totalt meningslös, ingen fattar
vi är ingenting!

Samhällsvetare, och?!

I vita kläder springer vi ut i det totala mörkret
som om vi hade uppnått något, och människorna jublar
som jubelidioter.

Alla dessa fester,
vad finns det att fira?

Alla dessa skyltar,
som om vi vore något!

Livet har ett färdigt manus.

Jag minns en sak tydligt, hur
de två kristna tjejerna i klassen
hade sin bana utstakad,
i deras filofax
hade livet satt in ett manus.

Först resa
sen utbilda sig
sen skaffa familj
sen skaffa barn.

Åh, naiva människor!

var är du, Gud?

Stéen industri

Vissa är instrument
det är ingenting konstigt att vara en kugge i maskineriet
alla barn skulle en dag
jobba.

Mitt sommarjobb
var på Stéen industri i Vittaryd,
mitt uppdrag: att stansa hål i metalldetaljer
2500 st, och när det var klart: bocka andra
metalldetaljer, 2500 st. Och sådär fortsatte det
timme efter timme, medan P3 spydde ut slöa meningslösheter
över arbetarna och smutsade ner deras inre liv
med värdelös musik varvat med skval
och nulliteter, och det var som om vissa älskade det.

Jag satt på vid maskinen och försökte lyssna på en ljudbok
i lurar som skavde, mina öron blev ömma
jag knöt en bandana över huvudet och hörselkåpor på,
det bara ökade smärtan,
jag la mina aluminiumrör i maskinens skåra
händerna på säkerhetsspakarna, ett tryck med foten,
en smäll, sen la man metallbiten i en stor träback.
    2500 gånger
och det tog aldrig slut.

Skvalet tog aldrig slut, jag bytte till P1
men den unga kvinnliga arbetaren stod inte ut
hon bytte tillbaka till P3.

Lysrörens ihållande sken under taket av plåt.

Det luktade olja och metall, vi åt lunch i ett vitt rum
och jag la mig på asfalten tjugo minuter och plågades
av ett krossat inre organ.

Hjärtat var ännu trasigt
det var därför jag arbetade, för att slippa tänka
och känna. Mina tankar var gnostiska
och slappa. Jag trodde kroppen var ett slags misstag
som om Gud bara ville ha en ande.
    Kroppen var som en prunkande plåga,
en förbannelse.

Min befrielse: att gå med pallyftaren
bort från radion.

En morgon utanför pappas jobb:
Är det inte nåt intressant ändå
med att alla kan vara här, punktligt
klockan 6 på morgonen?
    Jag hade lyssnat på en sociolog
om samhällets disciplin,
jag såg skuggorna i morgonens dunkel
människoformer slukas av fabriken.

För honom var detta ingenting att fästa avseende vid.
Det var så självklart.
    Alla måste arbeta.
    Jag slukade arbetarböcker som ljudböcker som handlade om
att försvinna
bort
och inte mera arbeta som en arbetare
    jag var en oren arbetare.

Skriv, skriv, skriv,
skrev svleräraren till mig.

Skriv så får din själ leva.
Skriv varje dag.
Skriv!

Jag var den enda eleven som gick på hennes kurs
i litterär gestaltning. Hon menade att jag en dag
antagligen måste skriva om min barndom
för den återkom ständigt i mina romantiska texter.
    Den rönndoftande kyliga hösten i Västerbotten.
Hon var lärare i religion också.

Tolerans. Tolerans. Tolerans.
Om det är något ni ska ta med er från mina lektioner
så är det värdet av tolerans.
Tolerans är så oerhört viktigt i vårt samhälle idag!

Det fanns ingen
lika bokstavstroende i klassen
det fanns ingen som behövde mer tolerans.

Tjugo år senare såg jag henne, stapplande
med sin man mot dörrarna på äldreboendet
tom i blicken,
sökande i dimman.

Polisen genomsökte skolan efter vapen
och en dödslista.

Jag antar att detta är att växa upp

Mina pass på pappas jobb var långa,
solen slösade godhet över onda och goda
och jag ställde mig vid maskinen,
    på rasten vräkte jag upp en järndörr
klev ut på gräset, satte mig under ett av träden.

Vissa somrar satt vi på lastbryggan
jag åt tonfisk och keso så att musklerna svällde.

Pappa gillade inte mina lurar
men där inne läste en röst, så att jag
kunde känna mening.

Golvet var klätt av gummimattor,
maskinen slamrade som en tio timmar lång technolåt utan bas,
lysrören sken ivrigare än mitt inre liv,
rullbandet matade fram sina rader.
    Jag lyssnade på Raskolnikovs inre liv,
maskinen kuverterade fakturor och reklamblad,
jag samlade kuvertstaplarna i lådor,
tänkte på berättelser, skev ner idéer på glatta adressetiketter
från postens blåa plastlådor.
    Jag fick inte beröm, jag fick påpeka mig fram till det
om det nu hjälpte.

Åren gick. Vad vet man om samhället?
Att ändå tvingas välja. Jag valde utbildning utan att veta.
    "Jag är intresserad av samhället", sa jag
och visste vad jag inte ville.

Jesus som har barnen kär, vad är detta för en värld?

Inga lögner
bara prövningar.

Långt senare får jag veta att pappa såg hela den där tiden som
ett misstag,
    flytten upp, han tyckte inte om
att prata om saken.

"Det var ändå från Gud", säger mamma.

"Jo, det tror jag."

Pappa var inte lika övertygad,
de hade det inte lätt där uppe,
fastän jag inte fattade något.

Mamma hörde tydligen röster
utan att vi
    de saliga barnen
hörde.

Klass 9. Plötsligt kontakt
med min barndomsvän.

Det var en sådan märklig sak
det vi nyss hade lämnat.

"Kan du förstå att det är över?" undrade jag.

"Kan du fatta att vi aldrig mer ska vara barn?"

Han förstod.

Han skickade suggestiva noveller av Hemingway
han var medlem i Engelbrekt, om jag också ville bli det
visste han hur jag skulle skriva,
"du ska skriva att det är mycket som har gått förlorat
och att det var bättre som det var förr."

Senare på gymnasiet, jag visade en bild av alla engelbrektare
för Kristina, min historielärare, hon såg skeptisk ut,
för alla engelbrektare såg prästerligt allvarliga ut
som totala främlingar.
    Jag gick aldrig med, men en av dem blev präst,
jag råkade bo granne med honom i Lund,
han imiterade KG Hammar med frustration,
han såg sträng ut, alltid över mig, mer viktig
alltid upptagen, han måste ha hatat synden mycket djupt.
Han blev präst i ett konservativt stift.
Han slutade, landade någon annanstans
i ett politiskt alternativ på ytterkanten,

några år senare doktorand i kyrkohistoria.

Mamman till min barndomsvän sa
att hennes son var en sökare
det kunde jag instämma i
han blev protestant, senare katolik, senare desillusionerad,
han deltog i arbetsmarknadsprogram
studerade vidare på universitetet,
han hoppade av sin utbildning med bara ett år kvar,
jag fick veta hans hemlighet: substansen
som fick honom att fungera.
 Sambon kickade ut honom, han lade in sig själv
sedan dog hans far, och han blev senare antisemit
en fanatisk vän av den vita rasen.

Vi hördes allt mera sällan
jag försökte ringa och han svarade inte
han kunde inte längre ha kontakt med mig,
jag hörde om hans förlovning men ingenting mer.

I en intervju förklarade han
att hans politiska uppvaknande
hade skett i femtonårsåldern,
när han insåg det groteska
i abort.

Under hela sitt liv som ung vuxen hade han vantrivts
och försökt förtränga det han egentligen visste om omvärlden,
anpassa sig efter samhällets normer.

Vad en depression stjäl är engagemang.

Vi kan inte längre tro på något, vi har inga falska gudar ens
inte ens fettet på kroppen
tar man med sig

om den inte blandas med tvångssyndrom.
Då tror man stenhårt på ritualer
som ingen annan observerar,
och eftersom man inte har en psykos
finns det inget helhjärtat ens i ritualerna.

Jag höll föredrag om parapsykologi
ville väl väcka mina samtida

till

"något"

det slappaste som finns

sömn
det anstår en stad som denna.

Sök först ditt eget utplånande
så ska allt du önskar dig
bli ditt.

Försök att bli ingenting
så ska du fortsätta att vara
ingenting.

Du klarar det inte själv.

Frälsaren
kan befria dig från
ditt falska jag.

Ditt äkta, som du skapades för att bli
är sedan länge ute ur bilden.

En son

"Vad månne det bli av honom?"
sa den senare schizofrena mannen när han fick se barnet.

Och barnet fick ett namn
som om han var utvald till något.

"Gud upphöjer"
men vad var upphöjt med honom?
Han lärde sig att inte trampa på Guds gåvor
som gatkamomill, han urskiljde ett landskap
där låtsasmänniskor skulle vandra mellan höga stammar.

Vad månne det bli av honom?

En eldsprutande pojke bland sagolösa drakar
i ett land utan berättelse.

Det var ingen som kände mig och min hemlighet
hur en silvertråd var bunden till min rygg
och tro inte att det var vackert
bara för att det klingar poetiskt.
    Det var draken
hans röstlösa viskning
och tvångstänkande piskning.

Vad är det upphöjda med en brunn?
Eller med att trampa på slyet i skogen?
Och vad är upphöjt med att inte kunna fungera
som en kugge?
    Eller när de försökte köpa ut honom

för att ingen av de andra ville samarbeta?

Han bultade på dörren till slottet
han stod där ute i decennier
och bultade vänligt i en dröm.